Key Stage 2 Maths

WORKBOOK 4

Numerical Reasoning Technique

Dr Stephen C Curran
with Katrina MacKay
Edited by Andrea Richardson

This book belongs to

Accelerated Education Publications Ltd

Contents

6. Number Relationships   Pages

1. Magic Squares — 3-4
2. Addition Squares — 5-6
3. Multiplication Squares — 6-7
4. Odd and Even Numbers — 8-10
5. Square Numbers — 11-12
6. Cube Numbers — 12-13
7. Bigger Than or Smaller Than — 13-14
8. Number Sequences — 14-21
9. Number Lines — 22-23
10. Estimating Numbers — 24-25
11. Rounding Numbers — 25-30
12. Approximating Numbers — 30-31
13. Positive & Negative Numbers — 31-36
14. Roman Numerals — 37-39
15. Mixed Exercises — 40

7. Decimals

1. Tens Number System — 41-42
2. Place Value — 43-51
3. Addition — 52-53
4. Subtraction — 54-55
5. Multiplication — 56-58
6. Division — 59-61
7. Mixed Exercises — 62

© 2016 Stephen Curran

Chapter Six
NUMBER RELATIONSHIPS
1. Magic Squares

Magic Squares add up to the same amount horizontally and vertically, and sometimes diagonally as well.

Example: Find the value of **A** in this magic square. It adds up to **33** in all directions.

10		8
A		13
	7	

Step 1 - Start with 8 and 13.

$8 + 13 = \mathbf{21}$

Each line adds up to **33**. Subtract **21** from **33** to find the missing square in the line.

$\mathbf{33 - 21 = 12}$

10		8	Start here
A		13	↓
	7	**12**	

↓
33

Step 2 - Complete the square.

$7 + 12 = \mathbf{19}$

$33 - 19 = 14$

$10 + 14 = 24$

$33 - 24 = 9 \quad \mathbf{A = 9}$

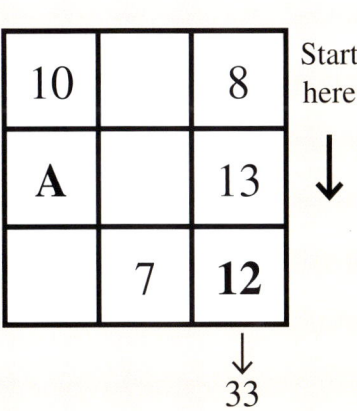

Answer: **A = 9**

Exercise 6: 1 Find the missing numbers:

1-2)

13	5	12
A	16	7
10	B	11

Adds up to **30** vertically and horizontally only.

A = _____
B = _____

3-4)

A	6	10
13	4	B
3	11	7

Adds up to **21** vertically and horizontally only.

A = _____
B = _____

5-6)

6	4	B
5	7	1
A	2	9

Adds up to **13** vertically and horizontally only.

A = _____
B = _____

7-8)

11	B	
	A	14
15	8	13

Adds up to **36** in all directions.

A = _____
B = _____

9-10)

4		A
B	7	
	2	10

Adds up to **21** in all directions.

A = _____
B = _____

Score

2. Addition Squares

Addition Squares have two sections. The calculations section is grey (numbers to be added) and the answers section is white (answers to addition sums).

Example: Find the missing numbers.

+	4	B
10	14	18
11	A	19

Step 1 - Add the horizontal and vertical numbers to find an addition answer (in the white squares).

$11 + 4 = \mathbf{15}$ $\mathbf{A = 15}$

+	4	B
10	14	18
11	**15**	19

Step 2 - Reverse the operation by **subtracting** to find a number to be added (in the grey squares).

$18 - 10 = \mathbf{8}$ $\mathbf{B = 8}$

+	4	**8**
10	14	18
11	15	19

Answer: **A = 15** and **B = 8**

Exercise 6: 2   Find the missing numbers:

Score

1-2)

A =

B =

+	13	5
6	A	11
8	21	B

3-4)

A =

B =

+	12	3
10	22	A
7	B	10

5

5-7)

+	3	A	6
12	15	17	18
10	B	15	16
8	11	13	C

8-10)

+	2	7	12
3	A	10	15
B	10	15	20
11	13	18	C

A = ___ B = ___ C = ___   A = ___ B = ___ C = ___

3. Multiplication Squares

Multiplication Squares have two sections. The calculations section is grey (numbers to be multiplied) and the answers section is white (answers to multiplication sums).

Example: Find the missing numbers.

×	4	6	12
3	12	18	36
7	28	A	84
B	44	66	132

Step 1 - Multiply the horizontal and vertical numbers to find an answer (in the white squares).

$6 \times 7 = \mathbf{42}$ A = 42

×	4	6	12
3	12	18	36
7	28	**42**	84
B	44	66	132

© 2016 Stephen Curran

Step 2 - Reverse the operation by **dividing** to find a multiplier for one of the calculations (in the grey squares).

$44 \div 4 = \mathbf{11}$ $\mathbf{B = 11}$

×	4	6	12
3	12	18	36
7	28	**42**	84
B	44	66	132

Answer: **A = 42** and **B = 11**

Exercise 6: 3   Find the missing numbers:

Score

1-2)

×	8	11	12
2	16	**A**	24
5	40	55	60
10	80	110	**B**

A = ___   B = ___

3-4)

×	7	9	6
4	**A**	36	24
3	21	27	18
8	56	**B**	48

A = ___   B = ___

5-7)

×	2	6	11
3	6	**B**	33
A	10	30	55
8	16	48	**C**

A = ___   B = ___   C = ___

8-10)

×	**A**	8	11
2	6	16	22
5	15	40	**C**
9	27	**B**	99

A = ___   B = ___   C = ___

4. Odd and Even Numbers

An **Even Number** is any number that can be split equally into **2**.

For example, **6** can be split into **two** groups of **3**.

The even numbers up to **20** are:

0, 2, 4, 6, 8, 10, 12, 14, 16, 18, 20

Remember:
All even numbers end with either **0**, **2**, **4**, **6** or **8**.

An **Odd Number** is any number that cannot be split equally into **2**.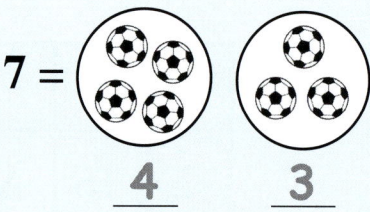

For example, **7** does not split equally into two groups.

The odd numbers up to **19** are:

1, 3, 5, 7, 9, 11, 13, 15, 17, 19

Remember:
All odd numbers end with either **1**, **3**, **5**, **7** or **9**.

Example: Is **5** an odd or even number?

As **5** cannot be equally divided by **2**, it must be an odd number.

Answer: **5 is an odd number.**

Exercise 6: 4 Write whether the number is odd or even. Use the circles to help split the number:

Score

1) 13 = (● ● ● ● ● ●) (● ● ● ● ● ● ●)   = _____
       6   7

2) 10 = (● ● ● ● ●) (● ● ● ● ●)   = _____
       ___   ___

3) 3 = ( ) ( )   = _____
      ___ ___

4) 16 = ( ) ( )   = _____
       ___ ___

5) 19 = ( ) ( )   = _____
       ___ ___

6) 4 = ( ) ( )   = _____
      ___ ___

7) 8 = ( ) ( )   = _____
      ___

8) **9** = ◯ ◯ = _____
         ‾   ‾

9) **20** = ◯ ◯ = _____
          ‾   ‾

10) **11** = ◯ ◯ = _____
           ‾   ‾

Example: Is **23** an odd or even number?

As **23** cannot be equally divided by **2** and ends in **3**, it must be an odd number.

Answer: **23 is an odd number.**

Exercise 6: 5 Write whether the number is odd or even:

1) **903** _____   2) **615** _____

3) **218** _____   4) **742** _____

5) **365** _____   6) **514** _____

7) **881** _____   8) **117** _____

9) **412** _____   10) **186** _____

Score

5. Square Numbers

A **Square Number** is the product of a number multiplied by itself. It is based on the shape of a square.

The small symbol ² means 'squared' (the number is multiplied by itself).

For example, $2^2 = 4$ means 'two squared equals four'.

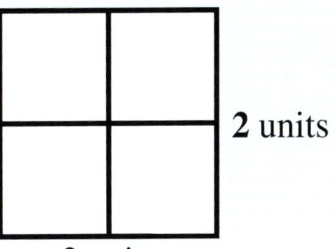

2 units × 2 units means there are 4 units in the square.

$2^2 = 2 \times 2 = 4$

Example: What is 3^2?

The symbol ² indicates that the number needs to be squared (multiplied by itself).

3^2 means 3×3 which is 9.

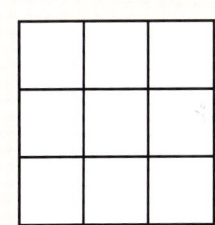

$3^2 = 3 \times 3 = 9$

Answer: **9**

Exercise 6: 6   Calculate the following:

1) 10^2 = __10__ × __10__ = _____   2) 4^2 = ___ × ___ = _____

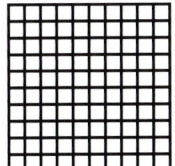   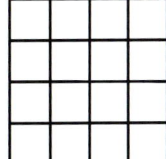

3) 6^2 = ___ × ___ = _____   4) 1^2 = ___ × ___ = _____

5) 5^2 = _____ × _____ = _____

6) 8^2 = _____ × _____ = _____

7) 9^2 = _____ × _____ = _____

8) 12^2 = _____ × _____ = _____

9) 7^2 = _____ × _____ = _____

10) 11^2 = _____ × _____ = _____

Score

6. Cube Numbers

A **Cube Number** is the product of a number multiplied by itself twice. It is based on the shape of a cube.

The small symbol ^{3} means 'cubed' (the number is multiplied by itself twice).

For example, $2^3 = 8$ means 'two cubed equals eight'.

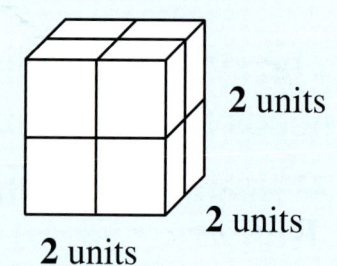

2 units × 2 units × 2 units means **8** units make up the cube.

$2^3 = 2 \times 2 \times 2 = 8$

Example: What is 3^3?

The symbol ^{3} indicates that the number needs to be cubed (multiplied by itself twice).

3^3 means $3 \times 3 \times 3$ which is **27**.

$3^3 = 3 \times 3 \times 3 = 27$

Answer: **27**

Exercise 6: 7   Calculate the following:

1) 12^3 = _12_ × ___ × ___   2) 8^3 = ___ × ___ × ___

3) 6^3 = ___ × ___ × ___   4) 9^3 = ___ × ___ × ___

5) 7^3 = ___ × ___ × ___

6) 1^3 = ___ × ___ × ___ = _____

7) 4^3 = ___ × ___ × ___ = _____

8) 10^3 = ___ × ___ × ___ = _____

9) 5^3 = ___ × ___ × ___ = _____

10) 2^3 = ___ × ___ × ___ = _____

Score

7. Bigger Than or Smaller Than

There are two signs that show whether a number is **Bigger or Smaller Than** another number.

The sign $<$ means 'smaller than'.
The sign $>$ means 'bigger than'.

Remember: 'The mouth of the crocodile (open end) always swallows the biggest number.'

$4 < 9$

$9 > 4$

In both examples, the crocodile ($<$ or $>$) swallows the number **9**, because it is larger than the number **4**.

Examples: Put the correct sign (> or <) between **127** and **109**.

The number **127** is bigger than **109**.

The open end of the sign must face the bigger number, and **127** is the bigger number.

Answer: **127 > 109**

Exercise 6: 8

Put the correct sign (> or <) between the numbers:

1) **1,376**   **1,276**   2) **869**   **369**

3) **352**   **468**   4) **527**   **275**

5) **86**   **85**   6) **173**   **371**

7) **2,769** **7,692**   8) **819**   **198**

9) **3,163** **3,166**   10) **486**   **864**

Score

8. Number Sequences

Number Sequences are series of numbers connected by rules, which create patterns.

Sequences involve either adding or subtracting, or a combination of both. When working out the pattern, it is useful to remember the following:

Adding   - numbers get **bigger**
Subtracting - numbers get **smaller**

It is sometimes necessary to use numbers to show the position or order of something in a list or sequence, e.g. **1ˢᵗ, 2ⁿᵈ, 3ʳᵈ**, etc.

Up to the **20ᵗʰ** number, these descriptions all end in 'th', except for **1ˢᵗ, 2ⁿᵈ** and **3ʳᵈ**.

1	1ˢᵗ	First
2	2ⁿᵈ	Second
3	3ʳᵈ	Third
4	4ᵗʰ	Fourth
5	5ᵗʰ	Fifth
6	6ᵗʰ	Sixth
7	7ᵗʰ	Seventh
8	8ᵗʰ	Eighth
9	9ᵗʰ	Ninth
10	10ᵗʰ	Tenth

a. Adding Sequences

Example: What is the next number in the sequence?

Sequence 1: Add the Same Number

$$\overset{+2}{3,} \overset{+2}{5,} \overset{+2}{7,} \overset{+2}{9,} \overset{+2}{11,} 13, ?$$

Rule: Add **2** to the previous number.

$$13 + 2 = 15$$

Answer: **The 7ᵗʰ number is 15.**

Exercise 6: 9   Fill in the missing number:

Score

1) **2, 10, 18, 26, 34,** ____
   What is the rule? *Add 8 to the previous number.*

2) **1, 7, 13, 19, 25,** ____
   What is the rule? _____

3) **15, 20, 25, 30, 35,** ____
   What is the rule? _____

4) **1, 3, 5, 7, 9,** ____

What is the rule? _____

5) **2, 5, 8, 11, 14,** ____

What is the rule? _____

6) **3, 10, 17, 24, 31,** ____

What is the rule? _____

7) **4, 14, 24, 34, 44,** ____

What is the rule? _____

8) **6, 10, 14, 18, 22,** ____

What is the rule? _____

9) **4, 54, 104, 154, 204,** ____

What is the rule? _____

10) **22, 122, 222, 322, 422,** ____

What is the rule? _____

Example: What is the next number in the sequence?

Sequence 2: Add a Changing Number

$$\overset{+1}{14,} \quad \overset{+3}{15,} \quad \overset{+1}{18,} \quad \overset{+3}{19,} \quad 22, \quad ?$$

Rule: Add **1**, then **3**, then **1**, etc.

$$22 + 1 = 23$$

Answer: **The 6th number is 23.**

Exercise 6: 10 Fill in the missing number:

1) **7, 9, 10, 12, 13,** ____

What is the rule? *Add 2, then add 1, etc.*

Score

2) **4, 5, 5, 6, 6,** ____
   What is the rule? _____

3) **12, 17, 18, 23, 24,** ____
   What is the rule? _____

4) **20, 22, 25, 27, 30,** ____
   What is the rule? _____

5) **11, 12, 14, 15, 17,** ____
   What is the rule? _____

6) **25, 27, 30, 32, 35,** ____
   What is the rule? _____

7) **20, 30, 35, 45, 50,** ____
   What is the rule? _____

8) **10, 10, 15, 15, 20,** ____
   What is the rule? _____

9) **22, 32, 132, 142, 242,** ____
   What is the rule? _____

10) **1, 2, 102, 103, 203,** ____
    What is the rule? _____

b. Subtracting Sequences

Example: What is the next number in the sequence?

Sequence 3: Subtract the Same Number

$$\overset{-4}{31},\ \overset{-4}{27},\ \overset{-4}{23},\ \overset{-4}{19},\ \overset{-4}{15},\ 11,\ ?$$

Rule: Subtract 4 from the previous number.

$$11 - 4 = 7$$

Answer: **The 7th number is 7.**

Exercise 6: 11 Fill in the missing number:

Score

1) **10, 9, 8, 7, 6,** ____

   What is the rule? _Subtract 1 from the previous number._

2) **40, 36, 32, 28, 24,** ____

   What is the rule? _____

3) **19, 17, 15, 13, 11,** ____

   What is the rule? _____

4) **25, 22, 19, 16, 13,** ____

   What is the rule? _____

5) **49, 44, 39, 34, 29,** ____

   What is the rule? _____

6) **80, 71, 62, 53, 44,** ____

   What is the rule? _____

7) **101, 94, 87, 80, 73,** ____

   What is the rule? _____

8) **63, 53, 43, 33, 23,** ____

   What is the rule? _____

9) **213, 193, 173, 153, 133,** ____

   What is the rule? _____

10) **827, 727, 627, 527, 427,** ____

    What is the rule? _____

Example: What is the next number in the sequence?

Sequence 4: Subtract a Changing Number

$$\overset{-5}{44,} \ \overset{-0}{39,} \ \overset{-5}{39,} \ \overset{-0}{34,} \ 34, \ ?$$

Rule: Subtract 5, then 0, then 5, etc.

$$34 - 5 = 29$$

Answer: The 6th number is 29.

Exercise 6: 12 Fill in the missing number:

1) **10, 8, 7, 5, 4,** ____

   What is the rule? _Subtract 2, then subtract 1, etc._

2) **20, 17, 15, 12, 10,** ____

   What is the rule? _____

3) **15, 12, 11, 8, 7,** ____

   What is the rule? _____

4) **12, 11, 9, 8, 6,** ____

   What is the rule? _____

5) **25, 24, 21, 20, 17,** ____

   What is the rule? _____

6) **38, 33, 32, 27, 26,** ____

   What is the rule? _____

7) **154, 151, 150, 147, 146,** ____

   What is the rule? _____

8) **58, 57, 55, 54, 52,** ____

   What is the rule? _____

9) **44, 42, 41, 39, 38,** ____

What is the rule? _____

10) **57, 54, 52, 49, 47,** ____

What is the rule? _____

c. Mixed Sequences

Mixed Sequences can contain either + or − operations. These are called **combined operations**, e.g. subtract **3**, then add **2**, etc.

There can be missing numbers in the middle of the sequence.

Example: What is the missing number?

Sequence 5: Combined Operations (+ −)

$$\overset{+2}{}\ \overset{-4}{}\ \overset{+2}{}\ \overset{-4}{}\ \overset{+2}{}$$

50, 52, 48, ?, 46, 48

Rule: Add **2**, subtract **4**, add **2**, etc.

48 + 2 = 50

Answer: **The 4th number is 50.**

Exercise 6: 13 Fill in the missing number:

1) **105, 108, 103, ____, 101, 104**

What is the rule? *Add 3, then subtract 5, etc.*

2) **3, 1, 3, ____, 3, 1**

What is the rule? _____

3) **16, ____, 19, 23, 22, 26**

What is the rule? _____

4) **30, 24, 31, 25, 32,** ____

What is the rule? _____

5) ____, 50, 47, 48, 45, 46

What is the rule? _____

6) **40, 32,** ____, **30, 36, 28**

What is the rule? _____

7) **60, 65, 56, 61,** ____, **57**

What is the rule? _____

8) **86,** ____, **87, 78, 88, 79**

What is the rule? _____

9) ____, **130, 122, 132, 124, 134**

What is the rule? _____

10) **96, 89, 93, 86,** ____, **83**

What is the rule? _____

Score

d. Mixed Exercises

Exercise 6: 14 Fill in the missing number:

1) **50, 45,** ____, **35, 30, 25**

2) **8, 10, 9, 11, 10,** ____

3) **10, 20, 30, 40,** ____, **60**

4) **750, 650, 550,** ____, **350, 250**

5) **12, 13, 11, 12, 10,** ____

6) **15, 20, 18, 23, 21,** ____

7) **480,** ____, **380, 330, 280, 230**

8) **60, 63, 62, 65, 64,** ____

9) **105, 130,** ____, **180, 205, 230**

10) **13, 23, 18, 28, 23,** ____

Score

9. Number Lines

Numbers are sometimes shown on a **Number Line**.

The spaces on a number line show that the gaps between the numbers are equal.

Numbers to the right are bigger than numbers to the left.

Number lines do not always show all of the numbers. For example, this number line only shows every other number, but each smaller line shows a gap of **3**.

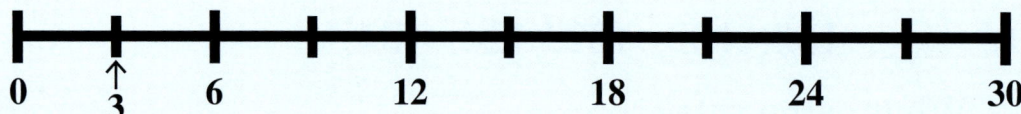

Number lines are a type of sequence and missing numbers are found by completing the sequence. This number line shows the **3×** table (**3**, **6**, **9**, **12**, etc.).

Example: Find the missing number on this number line.

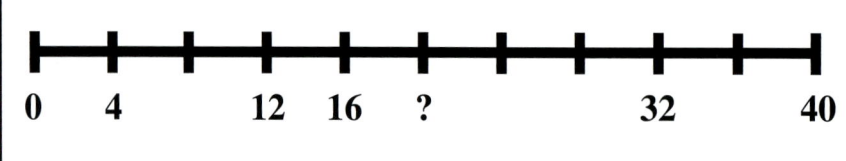

Step 1 - Calculate the gaps between the lines.

$16 - 12 = 4$ so each line represents a gap of **4**.

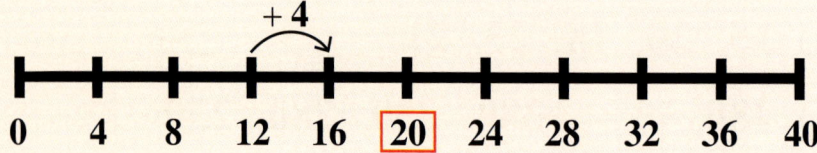

Step 2 - Select the missing number.

Answer: **20**

Exercise 6: 15 Find the missing numbers:

1-2) The missing numbers are: _____ and _____

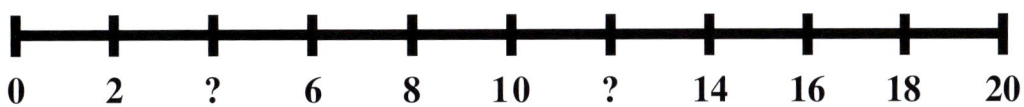

3-4) The missing numbers are: _____ and _____

5-7) The missing numbers are: _____, _____ and _____

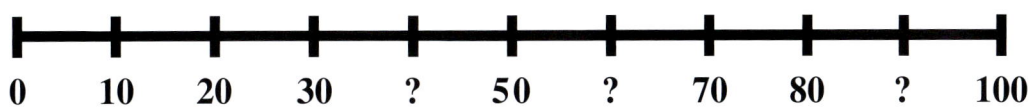

8-10) The missing numbers are: _____, _____ and _____

10. Estimating Numbers

To **Estimate** means to make a sensible guess at the value of a number. For example, estimating could be used to guess the number of people in a crowd.

Example: Estimate the missing number.

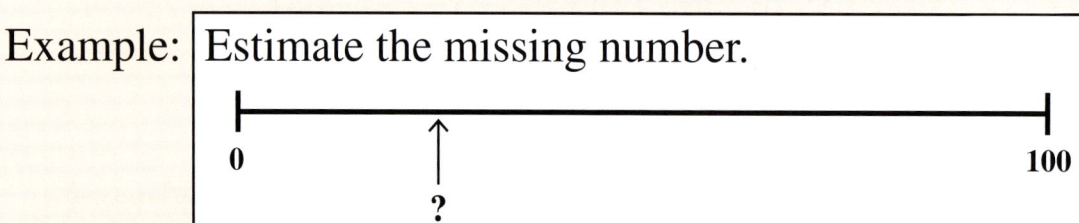

Roughly split the line into equal parts, such as groups of four. The arrow probably points to a number close to **25**.

Estimation questions will often allow numbers either side of the exact answer.

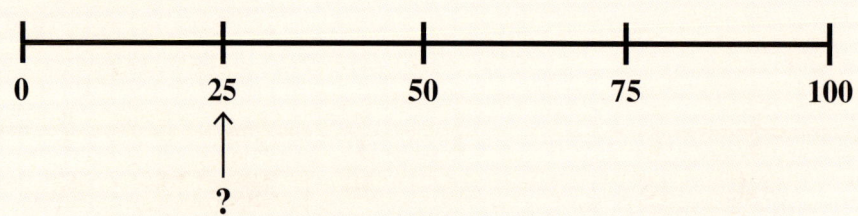

Answer: **25** (**20** to **30** would be allowed.)

Exercise 6: 16 Estimate the missing numbers:

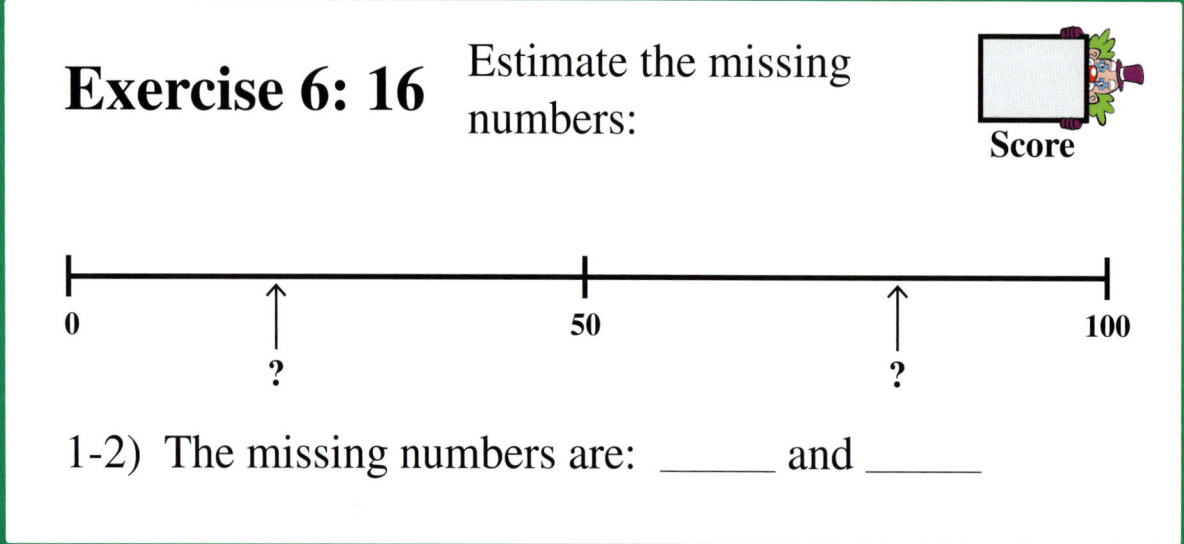

1-2) The missing numbers are: _____ and _____

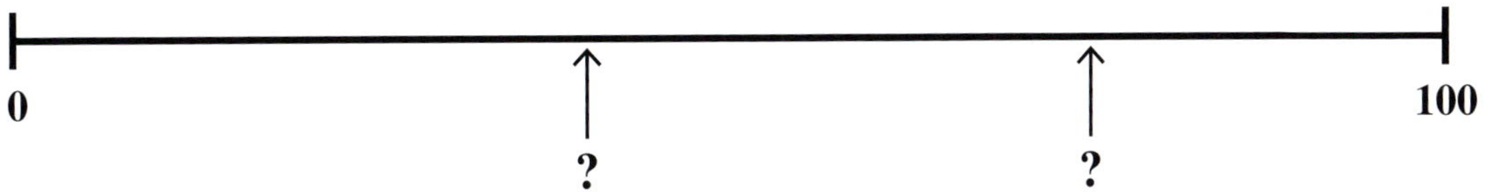

3-4) The missing numbers are: _____ and _____

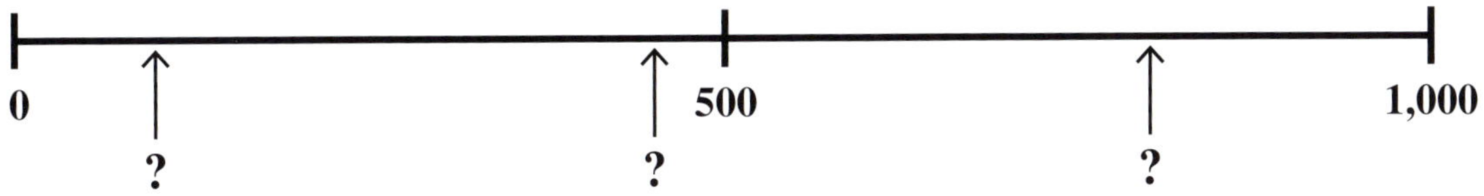

5-7) The missing numbers are: _____, _____ and _____

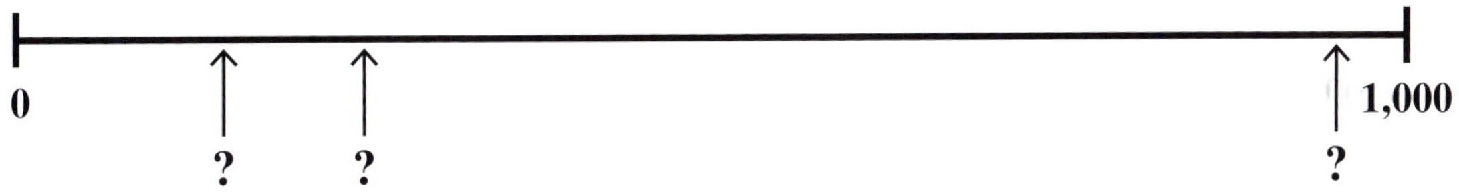

8-10) The missing numbers are: _____, _____ and _____

11. Rounding Numbers

Round Numbers give a 'near enough' answer by taking the number up or down to the nearest ten, hundred or thousand.

For example, if **14** is rounded to the nearest ten, **14** is closer to **10** than **20**, so it would be rounded down.

14 rounds down to 10.

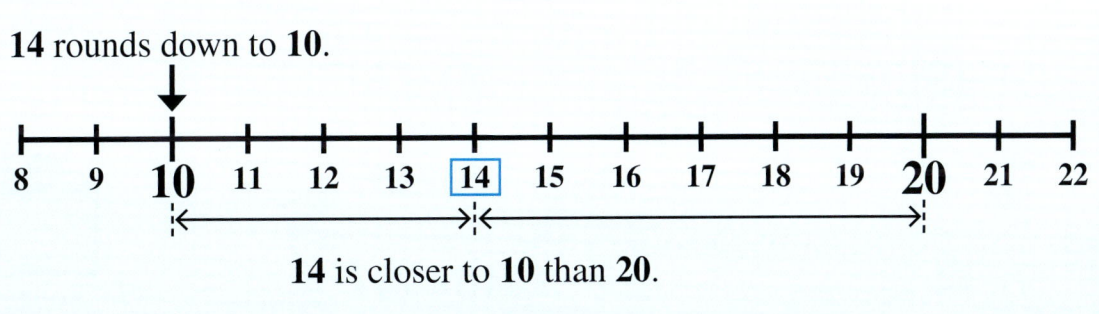

14 is closer to 10 than 20.

Decide whether to round up or down by using the table:

Rounding to the Nearest:	Round Down	Round Up
Ten	**4** or less	**5** or above
Hundred	**49** or less	**50** or above
Thousand	**499** or less	**500** or above

a. To the Nearest Ten

Example: Round **135** to the nearest ten.

If the ones are **4 or less**, **round down** to the nearest ten. If they are **5 or more**, **round up** to the nearest ten.

135 is exactly halfway between **130** and **140**. However, **5** always rounds up to the next multiple of ten. This means **135** to the nearest ten will round up to **140**.

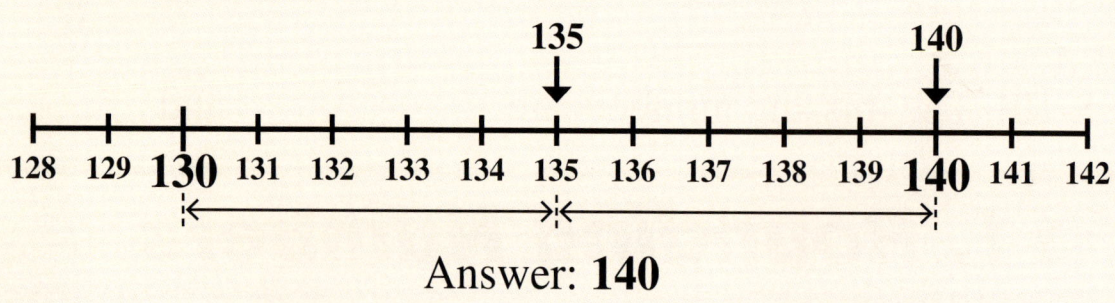

Answer: **140**

Exercise 6: 17   Round to the nearest ten:

1) **79** ____

2) **13** ____

3) **6** ____

4) **187** ____

5) **458** ____

6) **22** ____

7) **562** ____

8) **35** ____

9) **44** ____

10) **711** ____

Score

b. To the Nearest Hundred

Example: Round **147** to the nearest hundred.

Looking at the tens and ones columns, **49 or less rounds down** to the nearest hundred; **50 or more rounds up** to the nearest hundred.

This means **147** to the nearest hundred will round down to **100**.

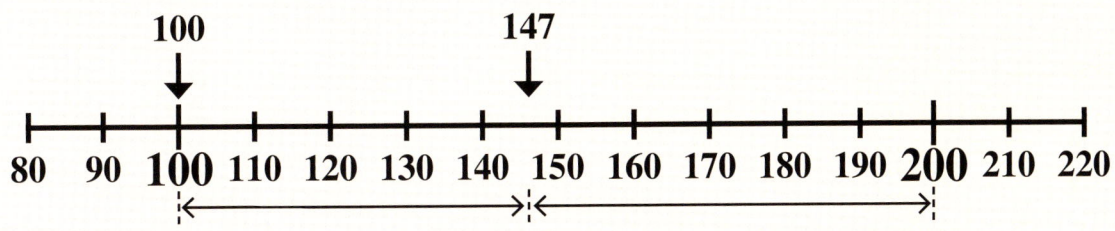

Answer: **100**

Exercise 6: 18   Round to the nearest hundred:

1) **946** _____
2) **269** _____

3) **728** _____
4) **182** _____

5) **59** _____
6) **634** _____

7) **371** _____
8) **423** _____

9) **546** _____
10) **788** _____

Score

c. To the Nearest Thousand

Example: Round **5,519** to the nearest thousand.

Looking at the hundreds, tens and ones columns, **499 or less rounds down** to the nearest thousand; **500 or more rounds up** to the nearest thousand.

This means **5,519** to the nearest thousand will round up to **6,000**.

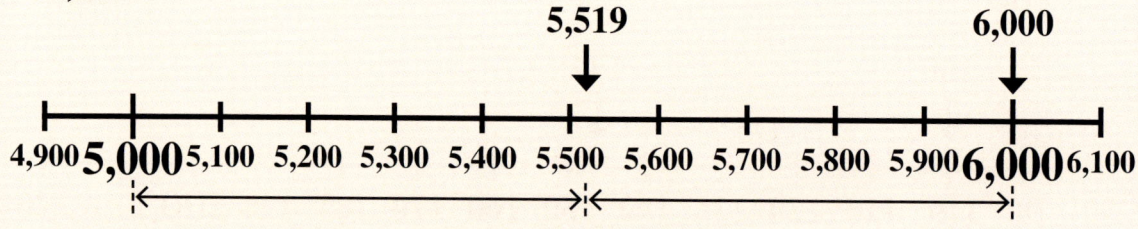

Answer: **6,000**

Exercise 6: 19 Round to the nearest thousand:

1) **976** _____   2) **1,327** _____

3) **3,789** _____   4) **1,623** _____

5) **5,482** _____   6) **7,302** _____

7) **6,213** _____   8) **8,912** _____

9) **2,500** _____   10) **4,136** _____

Score

d. Rounding Limits

In some questions it is necessary to decide if the number has been rounded to the nearest ten, hundred or thousand.

For example, the number **1,461** rounded:
- to the nearest ten is **1,460**
- to the nearest hundred is **1,500**
- to the nearest thousand is **1,000**

Example: **512** is closer to _____ than **600**.

If **512** was rounded to the nearest ten it would be **510**.

As **600** is given, this means it is rounding in the hundreds.

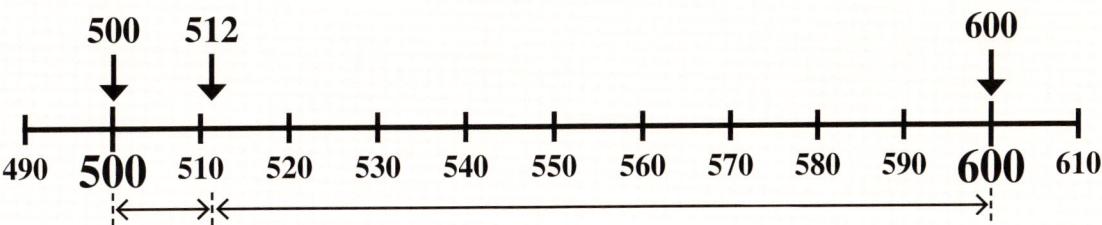

512 is closer to **500** than **600**.

Answer: **500**

Exercise 6: 20   Answer the following:

1) **462** would round to _____ rather than **470**.

2) **5,326** would round to **5,000** rather than _____.

3) Is **163** closer to **100** or **200**? _____

4) Is **76** closer to **70** or **80**? _____

5) **1,362** would round to **1,400** rather than _____.

6) Is **2,789** closer to **2,000** or **3,000**? _____

7) **7,685** would round to _____ rather than **7,600**.

8) **8,932** would round to _____ rather than **8,000**.

9) Is **623** closer to **620** or **630**? _____

10) Is **2,673** closer to **2,000** or **3,000**? _____

12. Approximating Numbers

Approximate means close to the answer, but not exact.

Approximating is often used to find a rough answer.

Numbers are often rounded to make them simpler and give a 'near enough' answer.

Example: Approximate **314 + 25** to the nearest ten.

Step 1 - Round **314** to the nearest ten. **4** rounds down, so **314** becomes **310**.

Step 2 - Round **25** to the nearest ten. **5** rounds up, so **25** becomes **30**.

Step 3 - The approximation is: **310 + 30**

Answer: **310 + 30**

Exercise 6: 21

Match the calculation to its approximation to the nearest ten:

1) 12 + 763   30 + 80
2) 17 + 123   180 + 940
3) 28 + 76   40 + 890
4) 43 + 478   90 + 720
5) 118 + 631   40 + 480
6) 89 + 723   10 + 760
7) 176 + 937   20 + 120
8) 263 + 315   120 + 630
9) 58 + 247   60 + 250
10) 42 + 893   260 + 320

Score

13. Positive & Negative Numbers

Numbers can be either **Positive** or **Negative**. Positive numbers count up from zero and negative numbers count down from zero.

Positive and negative numbers can be shown on a number line.

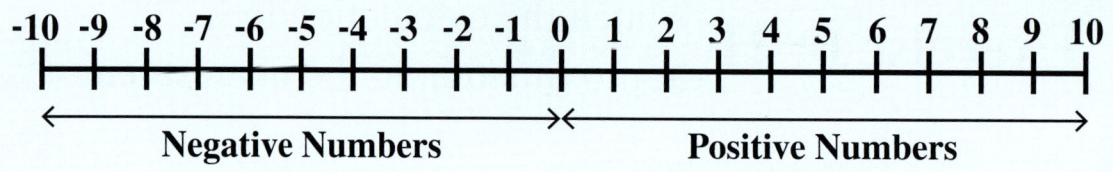

Positive (+ or plus) numbers count forwards (to the right) from **0**, and are more than zero.

Negative (− or minus) numbers count backwards (to the left) from **0**, and are less than zero.

Positive numbers do not normally show a plus sign (+), but negative numbers always show a minus sign (−) in front of them.

Example: Find the missing number on this number line.

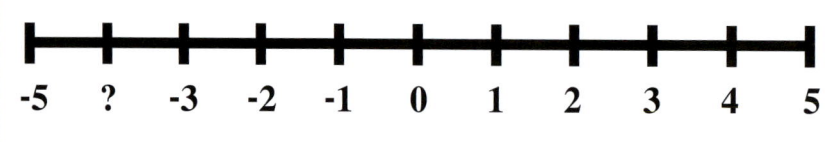

Count backwards from **0**. The next number after **-3** is **-4**.

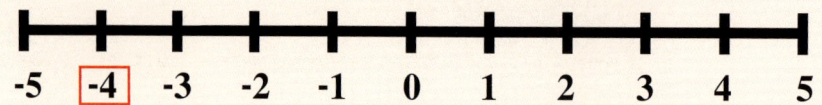

Answer: **-4**

Score

Exercise 6: 22 Find the missing numbers:

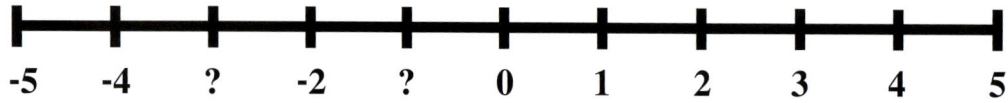

1-2) The missing numbers are: _____ and _____

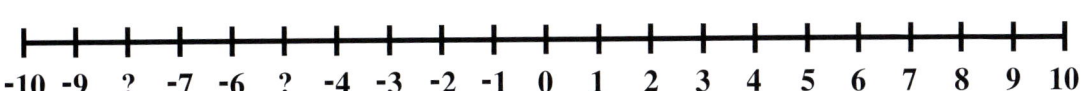

3-4) The missing numbers are: _____ and _____

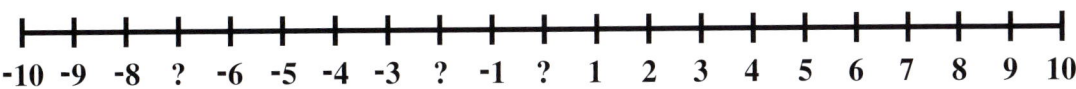

5-7) The missing numbers are: _____, _____ and _____

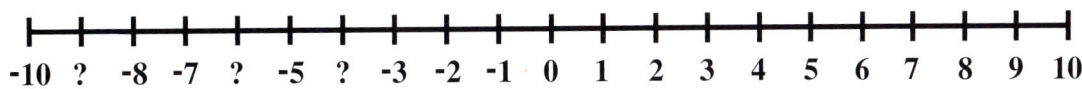

8-10) The missing numbers are: _____, _____ and _____

a. Estimating Negative Numbers

Example: Estimate the missing number.

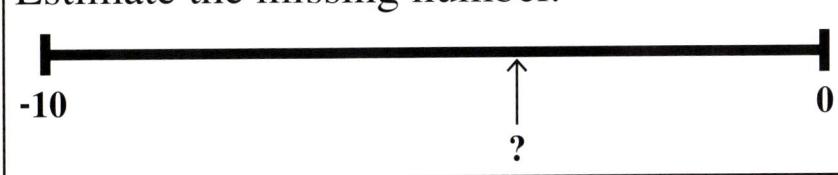

Split the line into roughly equal parts, such as groups of two. The arrow probably points to a number slightly larger than **-5**.

Estimation questions will often allow numbers either side of the exact answer.

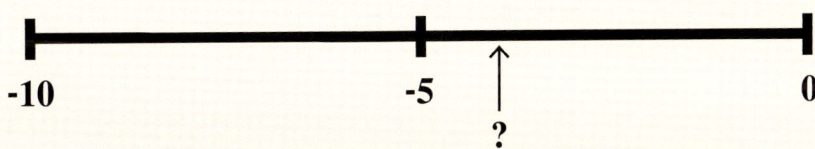

Answer: **-4** (**-5** to **-3** would be allowed.)

Exercise 6: 23 Estimate the missing numbers:

Score

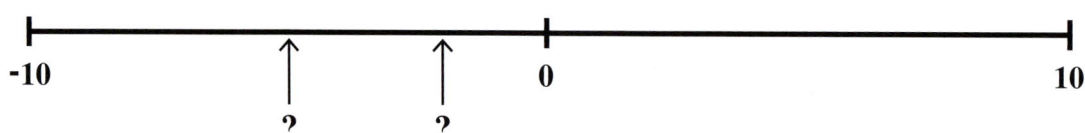

1-2) The missing numbers are: _____ and _____

3-4) The missing numbers are: _____ and _____

5-7) The missing numbers are: _____, _____ and _____

8-10) The missing numbers are: _____, _____ and _____

b. Finding the Gap between Numbers

To find the gap, or difference, between two numbers (where at least one is negative), it is best to use a number line.

Remember to count the gaps and not the digits, including the gaps either side of the zero.

Example: What is the difference between **-4** and **2**?

Do not subtract one number from the other, e.g. **4 – 2 = 2**, as this is incorrect.

Use a number line to count the gaps between **-4** and **2**.

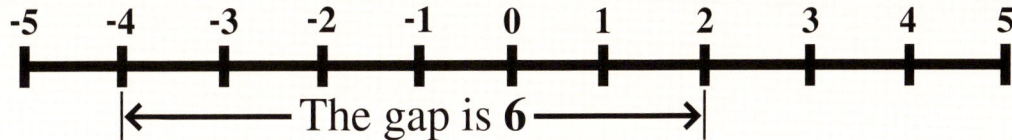

Answer: **6**

Exercise 6: 24   What is the difference between the numbers?

-10 -9 -8 -7 -6 -5 -4 -3 -2 -1 0 1 2 3 4 5 6 7 8 9 10

1) **-8** and **-4** _____   2) **-3** and **2** _____

3) **-5** and **4** _____   4) **-10** and **7** _____

5) **-2** and **5** _____   6) **-6** and **8** _____

7) **-1** and **10** _____   8) **-9** and **-3** _____

9) **-4** and **1** _____   10) **-7** and **-2** _____

c. Negative Number Sequences

Sequences can continue below zero and into negative numbers.

For example, this sequence adds **1** each time.

-3, -2, -1, 0, 1, 2, 3

Example: What is the missing number?
5, 3, 1, ?, -3, -5

Decide if this is an adding or subtracting sequence.
As the numbers get smaller, it is a subtracting sequence.

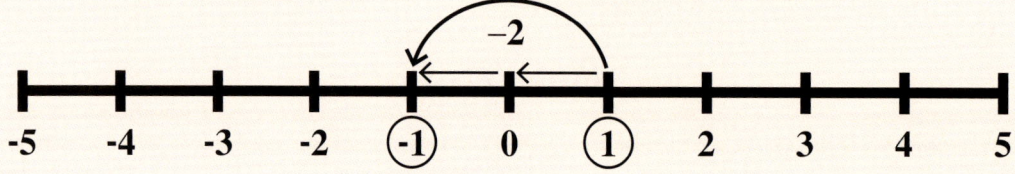

Rule: Subtract **2**, etc. so count **two** back from **1**.

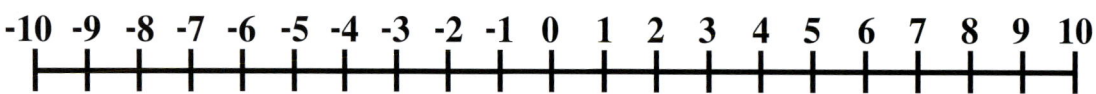

$$1 - 2 = -1$$

Answer: **The 4th number is -1.**

Exercise 6: 25   Fill in the missing number:

1) **-10, -8, -6, ____, -2, 0**

2) **-9, -8, -7, -6, -5, ____**

3) **3, 2, 1, 0, -1, ____**

4) **-10, -7, -4, -1, 2, ____**

5) **-15, -10, ____, 0, 5, 10**

6) **40, 30, 20, 10, 0, ____**

7) **-1, -2, -3, ____, -5, -6**

8) **____, -5, -4, -3, -2, -1**

9) **-8, ____, -4, -2, 0, 2**

10) **10, 6, 2, -2, -6, ____**

Score

14. Roman Numerals

Roman Numerals are an alternative counting system. They are based on the symbols below:

$$I = 1 \quad V = 5 \quad X = 10$$

These symbols are combined to represent numbers. The numbers from **1** to **10** are listed below:

I	II	III	IV	V	VI	VII	VIII	IX	X
1	2	3	4	5	6	7	8	9	10

When a symbol appears after a larger symbol it is added. For example, **VI** is **V + I** which means **5 + 1 = 6**.

When a symbol appears before a larger symbol it is subtracted.

For example, **IX** is **X − I** which means **10 − 1 = 9**.

−1 5	−1 10	10 −1 5	10 −1 10
↓ ↓	↓ ↓	↓ ↓ ↓	↓ ↓ ↓
IV	**IX**	**XIV**	**XIX**
5 − 1 = **4**	10 − 1 = **9**	10 + 5 − 1 = **14**	10 + 10 − 1 = **19**

Here are some examples of how the symbols can be combined:

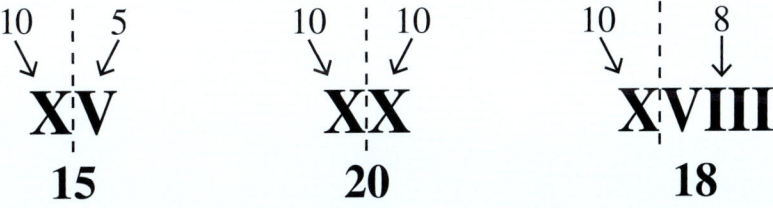

Example: Convert **XI** to numbers with digits.

Step 1 - Group the symbols into sections: **X + I**

Step 2 - **X** is **10**.

Step 3 - **I** is **1**.

Step 4 - Add the two sections together: **10 + 1 = 11**

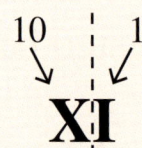

Answer: **11**

Exercise 6: 26   Convert to a number with digits:

1) **X** ____   2) **I** ____

3) **IX** ____   4) **XV** ____

5) **VI** ____   6) **XIV** ____

7) **III** ____   8) **XIX** ____

9) **VII** ____   10) **XVIII** ____

Score

Example: Convert **14** to Roman numerals.

Step 1 - Split the number into tens and ones: **14 = 10 + 4**

Step 2 - **10** is **X**.

Step 3 - **4** is **5 – 1** which is **V – I = IV**.

Step 4 - Add the two sections together: **X + IV = XIV**

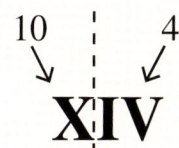

Answer: **XIV**

Exercise 6: 27   Convert to Roman numerals:

Score

1) **5** _____   2) **20** _____

3) **4** _____   4) **16** _____

5) **11** _____   6) **2** _____

7) **8** _____   8) **13** _____

9) **17** _____   10) **12** _____

15. Mixed Exercises

Exercise 6: 28 Answer the following:

Score

1) Match the numbers to odd or even:

   13   20   12   6   15

   Odd   Even

2-3)

7	4	
	A	8
B	6	

A = ____
B = ____

Adds up to **15** in all directions.

4) Which of these numbers is square? **1 2 3 4 5** ____

5) a) What is **XIV** in digits? _____

   b) What is **11** in Roman numerals? _____

6) Round **7,831** to the nearest thousand. _____

Complete the sequence:

7) **10, 12, 11, 13, 12,** ____

8) **-1, 0, -2, -1, -3,** ____

9) Put the correct sign (> or <) between the numbers:

   a) **-1   1**   b) **100   10**

10) What is the gap between **-4** and **5**? _____

Chapter Seven
DECIMALS
1. Tens Number System

The **Tens Number System** is used to count hundreds, tens and ones. It can be extended to numbers smaller than a one, such as tenths, hundredths, etc. These are called **Decimals**.

A **Decimal Point** is used to separate the ones from the digits that are less than the one.

The value of each digit is decided by where it is positioned either side of the decimal point. This is called **Place Value**.

Numbers can be displayed on a **Decimal Table** (as below) to show place value.

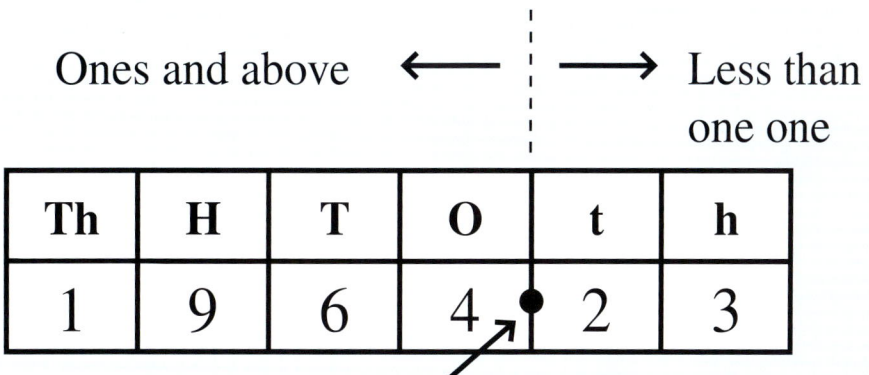

The **Decimal Point** separates the ones from the decimals.

```
Key
Th - Thousands
H - Hundreds
T - Tens
O - Ones
t - tenths
h - hundredths
```

A **Decimal Place** is any digit to the right of a decimal point. This number has been written to **two decimal places** as it has **2** digits to the right of the decimal point.

$$1964.23$$

Ones and above | 2 tenths | 3 hundredths

Study the table to see how ones, tenths and hundredths are written.

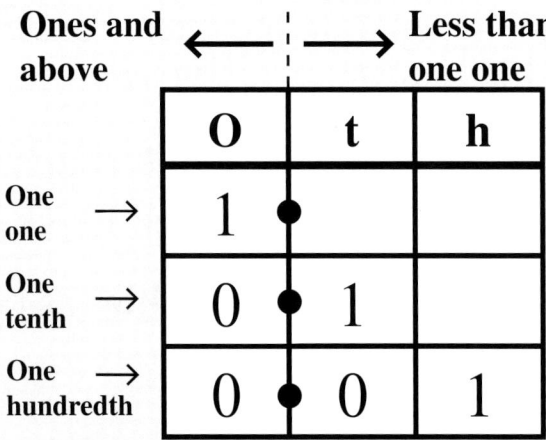

Going from **left** to **right** each column is **ten times** smaller than the previous.

This diagram compares the size of one one, one tenth and one hundredth.

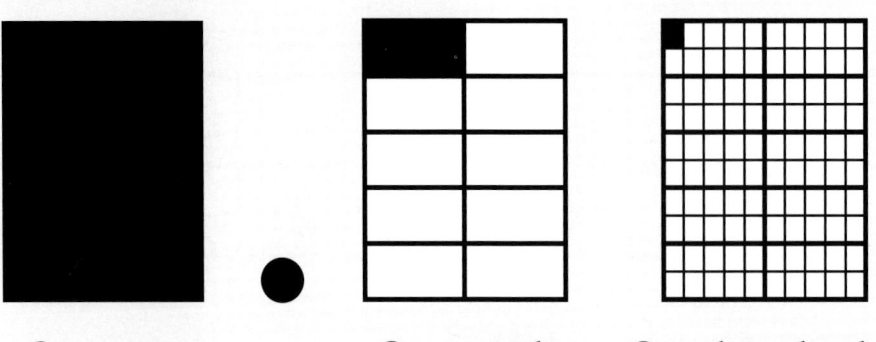

One one   One tenth   One hundredth

It is written as: **1.11**

This is **1** one, **1** tenth and **1** hundredth

It can be written in three other ways:
- **1** one and **11** hundredths
- **11** tenths and **1** hundredth
- **111** hundredths

2. Place Value
a. Whole Numbers as Decimals

A **Whole Number** is any number from zero and above that does not have a decimal value.

It is usually shown without a decimal point, but it can be shown with a decimal point followed by a zero.

The value of the number stays the same whichever way it is written. For example, **3.0** is the same as **3**.

Example: Express **5** as a decimal.

Put a decimal point after the number, followed by a zero.

Answer: **5.0**

Exercise 7: 1a   Express the number as a decimal:

1) **2** _____
2) **17** _____
3) **28** _____
4) **463** _____
5) **9,501** _____

Example: Express **9.0** as a whole number.

Remove the decimal point and the zero from the number.

Answer: **9**

Exercise 7: 1b   Express the number as a whole number:

Score

6) **8.0** _____
7) **36.0** _____
8) **172.0** _____
9) **904.0** _____
10) **5,816.0** _____

b. The Decimal Table

Decimal numbers can be placed on a **Decimal Table** to clearly show their values. It is important to line up the numbers correctly either side of the decimal point.

If there are no ones and only decimals, a zero must be placed to the left of the decimal point. For example, **0.84** has no ones so a zero is used in the units column.

Example: Place **2,801.65** on the decimal table.

Use the decimal point to correctly place the number.

Th	H	T	O	t	h
2	8	0	1.	6	5

Exercise 7: 2 Put the number on the decimal table:

1) **0.93**
2) **10.2**
3) **935.67**
4) **2,133.55**
5) **1.76**
6) **36.34**
7) **821.5**
8) **501.2**
9) **1,033.48**
10) **9,512.09**

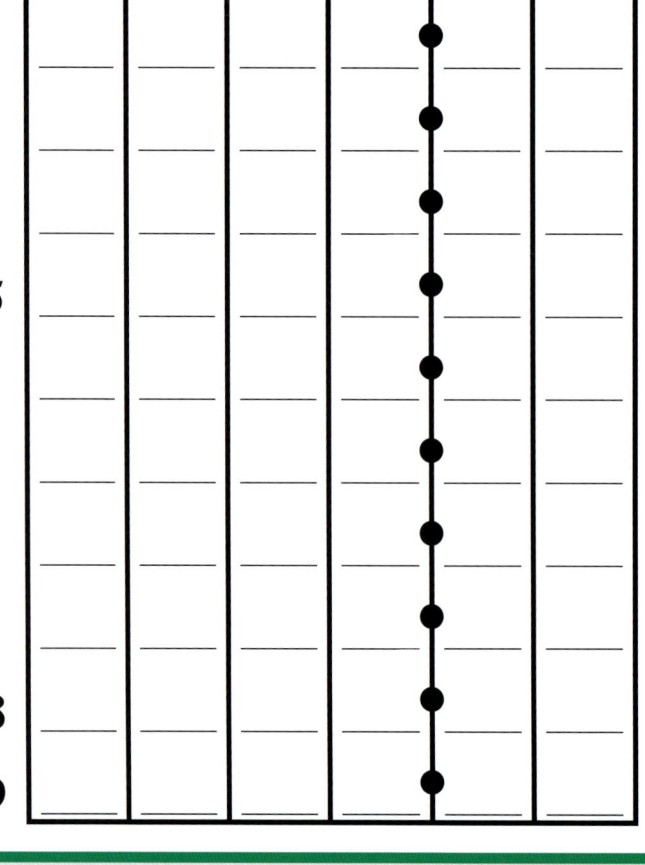

Score

c. Value of Decimals

The **Value of a Decimal Digit** is shown by where it is placed to the right of the decimal point.

For example, **6.17** has the following values:

6 . 1 7

1 tenth

7 hundredths

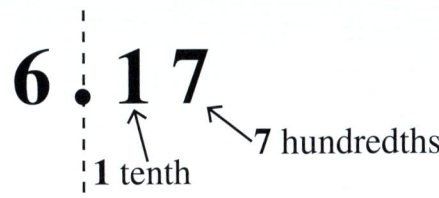

Example: Underline the hundredths in **8.36**.

The number can be shown on a decimal table to find the place value:

O	t	h
8 •	3	6

The digit **6** lies in the hundredths column.

Answer: **8.3$\underline{6}$**

Exercise 7: 3 Underline the required value:

Score

1) Ones in **3.7**

2) Tenths in **7.41**

3) Tenths in **5.9**

4) Hundredths in **1.29**

5) Ones in **9.8**

6) Hundredths in **0.64**

7) Tenths in **4.1**

8) Ones in **8.03**

9) Tenths in **6.3**

10) Hundredths in **2.58**

d. Decimals in Value Order

It is important to be able to put **Decimals in Value Order**.

Value order depends on place value. Only once the place value has been determined should the size of each digit be considered.

For example, **0.3** is larger than **0.07**. This is because **0.3** is **3** tenths and **0.07** is **7** hundredths.

Do not be distracted by the fact that the digit **7** is larger than the digit **3**. Tenths are larger than hundredths, so **0.3** is the larger number.

Example: Arrange the decimals in size order, smallest first.
  1.2   0.59   0.9

Step 1 - Draw a decimal table and place the numbers in it.

Step 2 - Complete the table by filling in the spaces with zeros.

O	t	h
1	**2**	0
0	**5**	**9**
0	**9**	0

→ **120** hundredths
→ **59** hundredths
→ **90** hundredths

Step 3 - Think of the digits as hundredths (shown to the right of the table). They can now be treated as numbers without a decimal point.

Step 4 - Reorder the numbers by size, smallest first: **59**, **90**, **120**. Then change them back to decimal numbers.

Answer: **0.59, 0.9, 1.2**

Exercise 7: 4

Write the decimals in size order, smallest first:

1) 2.3   3.2   0.32   2) 4.04   4.4   0.44

___ ___ ___   ___ ___ ___

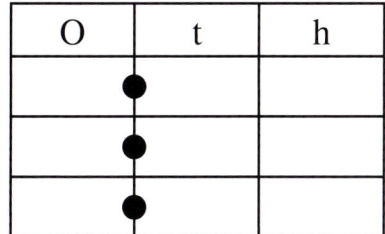   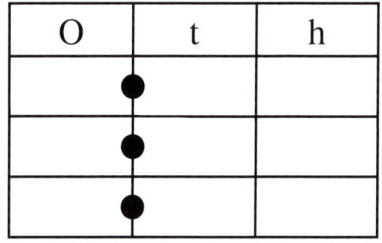

3) 0.8   0.91   0.9   4) 1.76   1.67   1.07

___ ___ ___   ___ ___ ___

5) 8.9   8.09   0.89   6) 5.22   2.52   2.25

___ ___ ___   ___ ___ ___

7) 1.0   0.01   0.1   8) 9.85   9.8   9.9

___ ___ ___   ___ ___ ___

9) 6.54   3.54   6.04   10) 2.08   2.8   2.68

___ ___ ___   ___ ___ ___

Example: Arrange the decimals in size order, largest first.
       0.02   2.2   0.2

Step 1 - Draw a decimal table and place the numbers in it.

Step 2 - Complete the table by filling in the spaces with zeros.

O	t	h
0•**0**		**2**	→ 2 hundredths
2•**2**		**0**	→ 220 hundredths
0•**2**		**0**	→ 20 hundredths

Step 3 - Think of the digits as hundredths (shown to the right of the table). They can now be treated as numbers without a decimal point.

Step 4 - Reorder the numbers by size, largest first: **220**, **20**, **2**. Then change them back to decimal numbers.

Answer: **2.2, 0.2, 0.02**

Exercise 7: 5

Write the decimals in size order, largest first:

Score

1)   **1.12**   **1.27**   **1.17**

O	t	h
•		
•		
•		

___ ___ ___

2) **0.78   0.8   0.38**

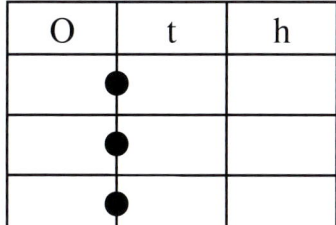

_____   _____   _____

3) **5.15   1.55   5.51**   4) **1.55   1.35   1.85**

_____   _____   _____   _____   _____   _____

5) **7.84   8.81   8.65**   6) **9.47   9.45   9.07**

_____   _____   _____   _____   _____   _____

7) **8.84   8.52   8.73**   8) **1.01   1.11   0.11**

_____   _____   _____   _____   _____   _____

9) **6.28   6.18   6.38**   10) **2.31   2.33   3.21**

_____   _____   _____   _____   _____   _____

e. Decimal Number Lines

When completing decimal number sequences, the numbers often need to be changed into tenths.

Example: What number does the arrow point to?

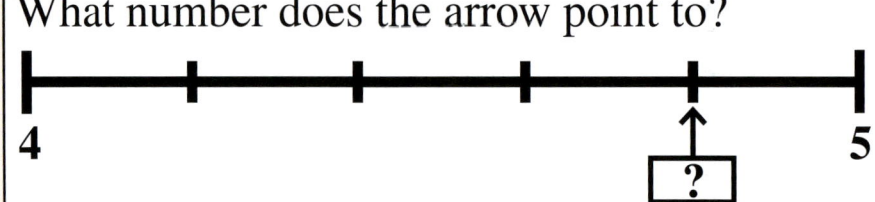

Step 1 - The gaps between the numbers **4** and **5** mean the line must be counted in tenths. Place zeros after **4** (**4.0**) and **5** (**5.0**) to change from ones to tenths.

The gaps will be counted in tenths.

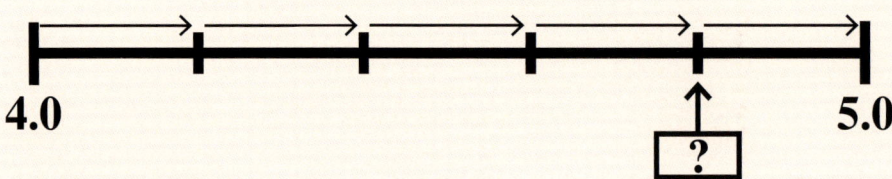

Step 2 - There are **five** gaps between **4** and **5**, but there are **10** tenths in a one. This means each gap must be **2** tenths.

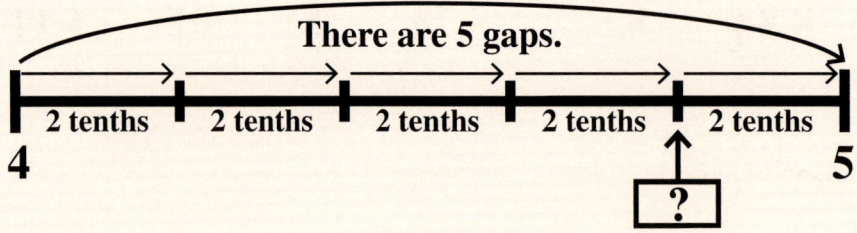

Step 3 - Treat **4.0** and **5.0** as whole numbers, i.e. **40** and **50**. Label each missing gap, which is **2** tenths of a unit. So the arrow points to **48** or **4.8**.

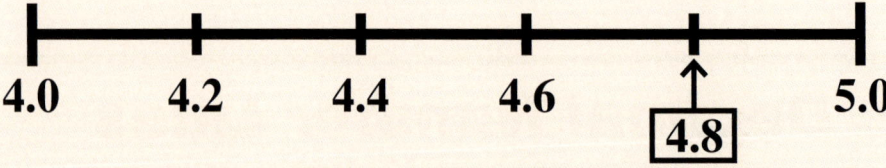

Answer: **4.8**

Exercise 7: 6

Write the numbers indicated:

Score

The line is in tenths.

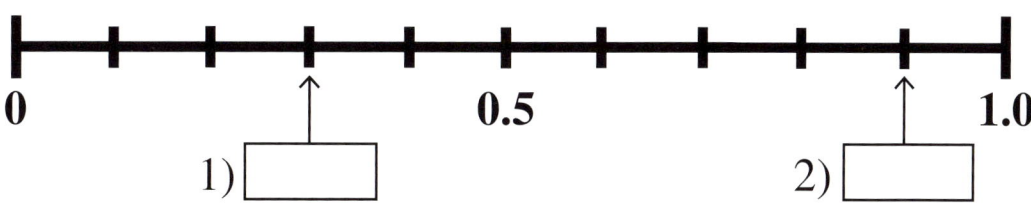

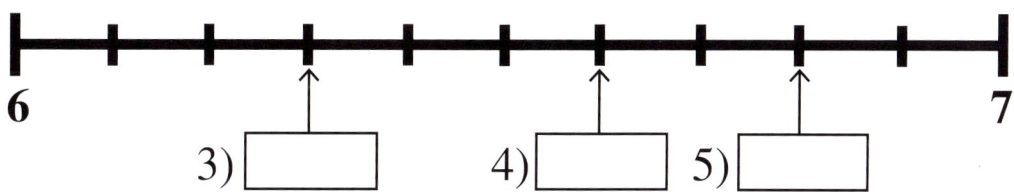

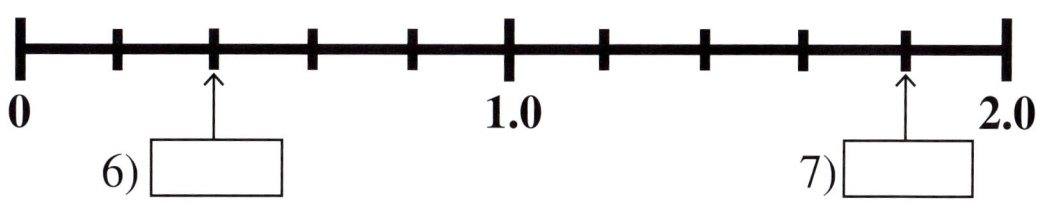

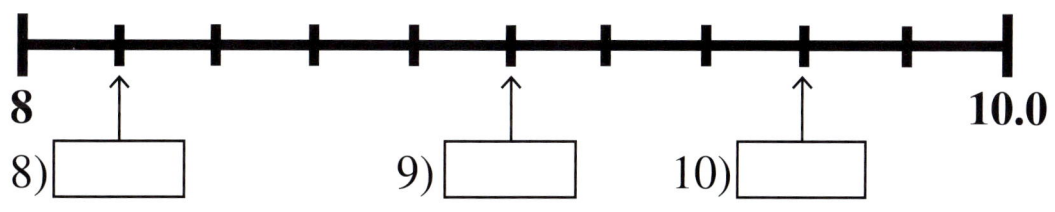

3. Addition

The rules of decimal **Addition**:
1. Keep the decimal points in line.
2. Fill all the empty spaces with zeros.
3. Add as normal using standard column addition.

Example: Calculate **25.3 + 1.41**.

Step 1 - Set out the calculation in column format, keeping the decimal points in line.

```
  2 5 . 3
  1 . 4 1 +
```

Step 2 - Fill in all the empty spaces with zeros so the numbers have the same length.

Step 3 - Add as normal.

```
  2 5 . 3 0
  0 1 . 4 1 +
  2 6 . 7 1
```

Answer: **26.71**

Exercise 7: 7   Set out and calculate:
Score

1) **257.06 + 46.3 =** _____

```
  2 5 7 . 0 6
  0 4 6 . 3 0 +
```

2) **65.11 + 813.8 =** _____

```
  6 5 . 1 1
  8 1 3 . 8   +
```

3) 126.9 + 74.3 = ____

4) 754.2 + 73.3 = ____

5) 52.79 + 56.3 = ____

6) 968.1 + 55.79 = ____

7) 865.2 + 281.68 = ____

8) 132.68 + 75.09 = ____

9) 7 + 16.8 + 312.21 = ____

10) 978.67 + 45.3 + 3 = ____

4. Subtraction

The rules of decimal **Subtraction**:
1. Keep the decimal points in line.
2. Fill all the empty spaces with zeros.
3. Subtract as normal using standard column subtraction.

Example: Calculate **872.1 – 15.03**.

Step 1 - Set out the calculation in column format, keeping the decimal points in line.

```
  8 7 2 . 1
  1 5 . 0 3 –
  ─────────
```

Step 2 - Fill in all empty spaces with zeros so the numbers have the same length.

Step 3 - Subtract as normal.

```
  8 7²̶ 2 .¹ ⁰1̶ ¹0
  0 1 5 . 0 3 –
  ─────────
  8 5 7 . 0 7
```

Answer: **857.07**

Exercise 7: 8   Set out and calculate:

Score

1) **79.56 – 1.7 = _____**

2) **25.4 – 9.36 = _____**

```
  7 9 . 5 6
  0 1 . 7 0 –
  ─────────
```

```
  2 5 . 4
  9 . 3 6 –
  ─────────
```

3) **667.56 – 2.34**
= _____

4) **712.39 – 34.68**
= _____

5) **203.49 – 58.5**
= _____

6) **175.35 – 22.91**
= _____

7) **415.54 – 75.46**
= _____

8) **87.77 – 5.53**
= _____

9) **709.46 – 211.08**
= _____

10) **99.07 – 6.82**
= _____

5. Multiplication
a. Short Decimal Multiplication

When multiplying a decimal number by a single digit whole number, simply multiply as normal using standard column multiplication.

Example: Calculate 3.54×4.

Step 1 - Set out the calculation as a standard short column multiplication.

$$\begin{array}{r} 3.54 \\ 4 \times \\ \hline \end{array}$$

Step 2 - Multiply as normal.

Be careful to keep the decimal point in line in the answer.

$$\begin{array}{r} 3.54 \\ 4 \times \\ \hline 14.16 \\ {\scriptstyle 21} \end{array}$$

Answer: **14.16**

Exercise 7: 9   Set out and calculate:

Score

1) $7.5 \times 3 =$ _____

2) $6.31 \times 5 =$ _____

$$\begin{array}{r} 7.5 \\ 3 \times \\ \hline . \end{array}$$

$$\begin{array}{r} 6.31 \\ 5 \times \\ \hline . \end{array}$$

3) **4.2** × **8** = _____

4) **2.92** × **4** = _____

5) **3.47** × **6** = _____

6) **9.08** × **2** = _____

7) **5.72** × **7** = _____

8) **8.23** × **6** = _____

9) **4.98** × **8** = _____

10) **7.65** × **9** = _____

b. Multiplying Decimals by Tens

Multiplying Decimals by Tens shifts numbers to the left on the decimal table, increasing each digit's value by **10** times each time.

However, it is easier in practice to **move the decimal point to the right**. Each multiplication by ten takes the decimal point one place further to the right.

For example, **0.75 × 10** requires the decimal point to move one place to the right.

1 place right
$$0.75 \times 10 = 07.5 = 7.5$$

Example: Calculate **0.63 × 100**.

Multiplying by **100** requires the decimal point to move two places to the right. To assist with moving the decimal point, it helps to insert extra zeros.

Extra zeros ↓
0.630

2 places right
$$0.63 \times 100 = 063.0 = 63$$

This can be shown on the decimal table by moving each digit two places to the left.

T	O	t	h	th
0	0 . 6	3	0
6	3 . 0	0	0

Answer: **63**

Exercise 7: 10   Calculate the following:

1) **8.73 × 10** = _____
2) **0.86 × 100** = _____
3) **1.7 × 100** = _____
4) **5.02 × 10** = _____
5) **4.9 × 10** = _____
6) **0.31 × 10** = _____
7) **9.33 × 100** = _____
8) **1.84 × 100** = _____
9) **6.8 × 10** = _____
10) **4.14 × 100** = _____

Score

6. Division
a. Dividing by a Whole Number

Dividing a decimal by a whole number follows the same rules as standard short division.

It is important to know that **remainders** and **decimals** are not the same:

A remainder is a whole number that is left over. $\longrightarrow$ $\boxed{10 \div 4}$

For example, **10 ÷ 4 = 2 groups of 4 ones and 2 ones left over**.

$$4 \overline{\smash{)}10} \quad \text{2 rem. 2}$$

A decimal is created by carrying the remainder into the tenths column. $\longrightarrow$ $\boxed{10 \div 4}$

It is divided to give a decimal answer.

$$4 \overline{\smash{)}10.\!^20} \quad 2.5$$

For example, **10 ÷ 4 = 2 groups of 4 ones and 5 tenths**.

Example: $\boxed{\text{Calculate } 7.65 \div 3.}$

Step 1 - Set out the calculation as a standard short division.

$$3 \overline{\smash{)}7.65}$$

Step 2 - Divide, keeping the decimal point in line in the answer.

$$3 \overline{\smash{)}7.\!^16\!^15} \quad 2.55$$

Answer: **2.55**

Exercise 7: 11 Set out and calculate:

1) $8.26 \div 2 = $ _____ 2) $9.36 \div 3 = $ _____

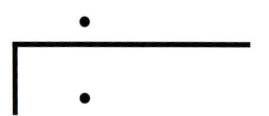

3) $5.84 \div 4 = $ _____ 4) $6.78 \div 6 = $ _____

 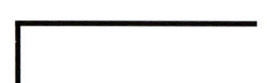

5) $9.85 \div 5 = $ _____ 6) $3.92 \div 7 = $ _____

7) $7.86 \div 3 = $ _____ 8) $2.48 \div 4 = $ _____

9) $4.68 \div 9 = $ _____ 10) $7.76 \div 8 = $ _____

b. Dividing Decimals by Tens

Dividing Decimals by Tens shifts the numbers to the right on the decimal table, decreasing each digit's value by **10** each time.

However, it is easier in practice to **move the decimal point to the left**. Each division by ten takes the decimal point one place further to the left.

For example, $2.3 \div 10$ requires the decimal point to move one place to the left.

$$2.3 \div 10 = 0.23 = 0.23$$

(1 place left)

Example: Calculate $8 \div 100$.

Dividing by **100** requires the decimal point to move two places to the left. To assist in moving the decimal point it helps to insert extra zeros.

Extra zeros → 008.0

$$8 \div 100 = 0.08$$

(2 places left)

This can be shown on the decimal table by moving each digit two places to the right.

H	T	O	t	h
0	0	8 .	0	0
0	0	0 .	0	8

Answer: **0.08**

Exercise 7: 12   Calculate the following:

Score

1) $1{,}678 \div 100 = $ ____
2) $503.1 \div 10 = $ ____
3) $7.4 \div 10 = $ ____
4) $42 \div 100 = $ ____
5) $9{,}013 \div 100 = $ ____
6) $108 \div 10 = $ ____
7) $222 \div 100 = $ ____
8) $87 \div 10 = $ ____
9) $3{,}763.2 \div 10 = $ ____
10) $3 \div 100 = $ ____

7. Mixed Exercises

Exercise 7: 13 Answer the following:

1) Place **8,301.21** in the decimal table:

Th	H	T	O	t	h

2) Place these in order of size, smallest first:

   0.2   2.02   0.02   _____   _____   _____

3) What is the missing number? _____

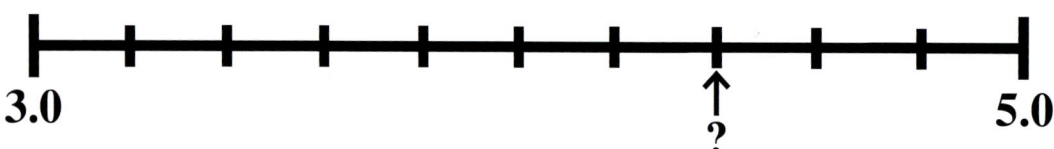

4) Calculate **54.12 − 8.36**. _____

5) Calculate **314.79 × 10**. _____

6) Place these in order of size, largest first:

   1.67   10.67   0.67   _____   _____   _____

7) Calculate **820.4 ÷ 10**. _____

8) Calculate **10.05 × 100**. _____

9) Calculate **976.21 + 23.79**. _____

10) Calculate **548 ÷ 100**. _____

Answers

Key Stage 2 Maths
Year 3/4 Workbook 4

Chapter Six
Number Relationships

Exercise 6: 1
1) A = 7
2) B = 9
3) A = 5
4) B = 4
5) A = 2
6) B = 3
7) A = 12
8) B = 16
9) A = 5
10) B = 8

Exercise 6: 2
1) A = 19
2) B = 13
3) A = 13
4) B = 19
5) A = 5
6) B = 13
7) C = 14
8) A = 5
9) B = 8
10) C = 23

Exercise 6: 3
1) A = 22
2) B = 120
3) A = 28
4) B = 72
5) A = 5
6) B = 18
7) C = 88
8) A = 3
9) B = 72
10) C = 55

Exercise 6: 4
1) odd
2) even
3) odd
4) even
5) odd
6) even
7) even
8) odd
9) even
10) odd

Exercise 6: 5
1) odd
2) odd
3) even
4) even
5) odd
6) even
7) odd
8) odd
9) even
10) even

Exercise 6: 6
1) 100   2) 16
3) 36   4) 1
5) 25   6) 64
7) 81   8) 144
9) 49   10) 121

Exercise 6: 7
1) $12 \times 12 \times 12$
2) $8 \times 8 \times 8$
3) $6 \times 6 \times 6$
4) $9 \times 9 \times 9$
5) $7 \times 7 \times 7$
6) 1
7) 64
8) 1,000
9) 125
10) 8

Exercise 6: 8
1) >   2) >
3) <   4) >
5) >   6) <
7) <   8) >
9) <   10) <

Exercise 6: 9
1) 42; Add 8 to the previous number.
2) 31; Add 6 to the previous number.
3) 40; Add 5 to the previous number.
4) 11; Add 2 to the previous number.
5) 17; Add 3 to the previous number.
6) 38; Add 7 to the previous number.
7) 54; Add 10 to the previous number.
8) 26; Add 4 to the previous number.
9) 254; Add 50 to the previous number.
10) 522; Add 100 to the previous number.

Exercise 6: 10
1) 15; Add 2, then add 1, etc.
2) 7; Add 1, then add 0, etc.
3) 29; Add 5, then add 1, etc.
4) 32; Add 2, then add 3, etc.
5) 18; Add 1, then add 2, etc.
6) 37; Add 2, then add 3, etc.
7) 60; Add 10, then add 5, etc.
8) 20; Add 0, then add 5, etc.
9) 252; Add 10, then add 100, etc.
10) 204; Add 1, then add 100, etc.

Exercise 6: 11
1) 5; Subtract 1 from the previous number.
2) 20; Subtract 4 from the previous number.

© 2016 Stephen Curran

Key Stage 2 Maths
Year 3/4 Workbook 4

Answers

3) 9; Subtract 2 from the previous number.
4) 10; Subtract 3 from the previous number.
5) 24; Subtract 5 from the previous number.
6) 35; Subtract 9 from the previous number.
7) 66; Subtract 7 from the previous number.
8) 13; Subtract 10 from the previous number.
9) 113; Subtract 20 from the previous number.
10) 327; Subtract 100 from the previous number.

Exercise 6: 12
1) 2; Subtract 2, then subtract 1, etc.
2) 7; Subtract 3, then subtract 2, etc.
3) 4; Subtract 3, then subtract 1, etc.
4) 5; Subtract 1, then subtract 2, etc.
5) 16; Subtract 1, then subtract 3, etc.
6) 21; Subtract 5, then subtract 1, etc.
7) 143; Subtract 3, then subtract 1, etc.
8) 51; Subtract 1, then subtract 2, etc.
9) 36; Subtract 2, then subtract 1, etc.
10) 44; Subtract 3, then subtract 2, etc.

Exercise 6: 13
1) 106; Add 3, then subtract 5, etc.
2) 1; Subtract 2, then add 2, etc.
3) 20; Add 4, then subtract 1, etc.
4) 26; Subtract 6, then add 7, etc.
5) 49; Add 1, then subtract 3, etc.
6) 38; Subtract 8, then add 6, etc.
7) 52; Add 5, then subtract 9, etc.
8) 77; Subtract 9, then add 10, etc.
9) 120; Add 10, then subtract 8, etc.
10) 90; Subtract 7, then add 4, etc.

Exercise 6: 14
1) 40   2) 12
3) 50   4) 450
5) 11   6) 26
7) 430 8) 67
9) 155 10) 33

Exercise 6: 15
1) 3   2) 8
3) 4   4) 12
5) 5   6) 20
7) 40   8) 40
9) 60   10) 90

Exercise 6: 16
1) 20 (15-25)
2) 80 (75-85)
3) 40 (35-45)
4) 75 (70-80)
5) 100 (80-120)
6) 450 (430-470)
7) 800 (775-825)
8) 150 (125-175)
9) 250 (225-275)
10) 950 (925-975)

Exercise 6: 17
1) 80   2) 10
3) 10   4) 190
5) 460 6) 20
7) 560 8) 40
9) 40   10) 710

Exercise 6: 18
1) 900 2) 300
3) 700 4) 200
5) 100 6) 600
7) 400 8) 400
9) 500 10) 800

Exercise 6: 19
1) 1,000   2) 1,000
3) 4,000   4) 2,000
5) 5,000   6) 7,000
7) 6,000   8) 9,000
9) 3,000   10) 4,000

Exercise 6: 20
1) 460   2) 6,000
3) 200   4) 80
5) 1,300 6) 3,000
7) 7,700 8) 9,000
9) 620   10) 3,000

Exercise 6: 21
1) 12 + 763; 10 + 760
2) 17 + 123; 20 + 120
3) 28 + 76; 30 + 80
4) 43 + 478; 40 + 480
5) 118 + 631; 120 + 630
6) 89 + 723; 90 + 720
7) 176 + 937; 180 + 940
8) 263 + 315; 260 + 320
9) 58 + 247; 60 + 250
10) 42 + 893; 40 + 890

Answers

*Key Stage 2 Maths
Year 3/4 Workbook 4*

Exercise 6: 22
1) -3
2) -1
3) -8
4) -5
5) -7
6) -2
7) 0
8) -9
9) -6
10) -4

Exercise 6: 23
1) -5 (-6--4)
2) -2 (-3--1)
3) -9 (-9--8)
4) -2 (-3--1)
5) -8 (-9--7)
6) -4 (-5--3)
7) -1 (-2--1)
8) -7 (-8--6)
9) -6 (-7--5)
10) -3 (-4--2)

Exercise 6: 24
1) 4
2) 5
3) 9
4) 17
5) 7
6) 14
7) 11
8) 6
9) 5
10) 5

Exercise 6: 25
1) -4
2) -4
3) -2
4) 5
5) -5
6) -10
7) -4
8) -6
9) -6
10) -10

Exercise 6: 26
1) 10
2) 1
3) 9
4) 15
5) 6
6) 14
7) 3
8) 19
9) 7
10) 18

Exercise 6: 27
1) V
2) XX
3) IV
4) XVI
5) XI
6) II
7) VIII
8) XIII
9) XVII
10) XII

Exercise 6: 28
1) Odd: 13, 15
   Even : 20, 12, 6
2) A = 5
3) B = 6
4) 4
5) a) 14 b) XI
6) 8,000
7) 14
8) -2
9) a) < b) >
10) 9

Chapter Seven
Decimals

Exercise 7: 1a
1) 2.0
2) 17.0
3) 28.0
4) 463.0
5) 9,501.0

Exercise 7: 1b
6) 8
7) 36
8) 172
9) 904
10) 5,816

Exercise 7: 2

	Th	H	T	O	t	h
1)				0 •	9	3
2)			1	0 •	2	
3)		9	3	5 •	6	7
4)	2	1	3	3 •	5	5
5)				1 •	7	6
6)			3	6 •	3	4
7)		8	2	1 •	5	
8)		5	0	1 •	2	
9)	1	0	3	3 •	4	8
10)	9	5	1	2 •	0	9

Exercise 7: 3
1) 3
2) 4
3) 9
4) 9
5) 9
6) 4
7) 1
8) 8
9) 3
10) 8

*Key Stage 2 Maths
Year 3/4 Workbook 4*

Answers

Exercise 7: 4
1) 0.32; 2.3; 3.2
2) 0.44; 4.04; 4.4
3) 0.8; 0.9; 0.91
4) 1.07; 1.67; 1.76
5) 0.89; 8.09; 8.9
6) 2.25; 2.52; 5.22
7) 0.01; 0.1; 1.0
8) 9.8; 9.85; 9.9
9) 3.54; 6.04; 6.54
10) 2.08; 2.68; 2.8

Exercise 7: 5
1) 1.27; 1.17; 1.12
2) 0.8; 0.78; 0.38
3) 5.51; 5.15; 1.55
4) 1.85; 1.55; 1.35
5) 8.81; 8.65; 7.84
6) 9.47; 9.45; 9.07
7) 8.84; 8.73; 8.52
8) 1.11; 1.01; 0.11
9) 6.38; 6.28; 6.18
10) 3.21; 2.33; 2.31

Exercise 7: 6
1) 0.3
2) 0.9
3) 6.3
4) 6.6
5) 6.8
6) 0.4
7) 1.8
8) 8.2
9) 9.0
10) 9.6

Exercise 7: 7
1) 303.36
2) 878.91
3) 201.2
4) 827.5
5) 109.09
6) 1,023.89
7) 1,146.88
8) 207.77
9) 336.01
10) 1,026.97

Exercise 7: 8
1) 77.86
2) 16.04
3) 665.22
4) 677.71
5) 144.99
6) 152.44
7) 340.08
8) 82.24
9) 498.38
10) 92.25

Exercise 7: 9
1) 22.5
2) 31.55
3) 33.6
4) 11.68
5) 20.82
6) 18.16
7) 40.04
8) 49.38
9) 39.84
10) 68.85

Exercise 7: 10
1) 87.3
2) 86
3) 170
4) 50.2
5) 49
6) 3.1
7) 933
8) 184
9) 68
10) 414

Exercise 7: 11
1) 4.13
2) 3.12
3) 1.46
4) 1.13
5) 1.97
6) 0.56
7) 2.62
8) 0.62
9) 0.52
10) 0.97

Exercise 7: 12
1) 16.78
2) 50.31
3) 0.74
4) 0.42
5) 90.13
6) 10.8
7) 2.22
8) 8.7
9) 376.32
10) 0.03

Exercise 7: 13

1)

Th	H	T	O	t	h
8	3	0	1.	2	1

2) 0.02, 0.2, 2.02
3) 4.4
4) 45.76
5) 3,147.9
6) 10.67, 1.67, 0.67
7) 82.04
8) 1,005
9) 1,000
10) 5.48

PROGRESS CHARTS

Shade in your score for each exercise on the graph. Add up for your total score.

6. NUMBER RELATIONSHIPS

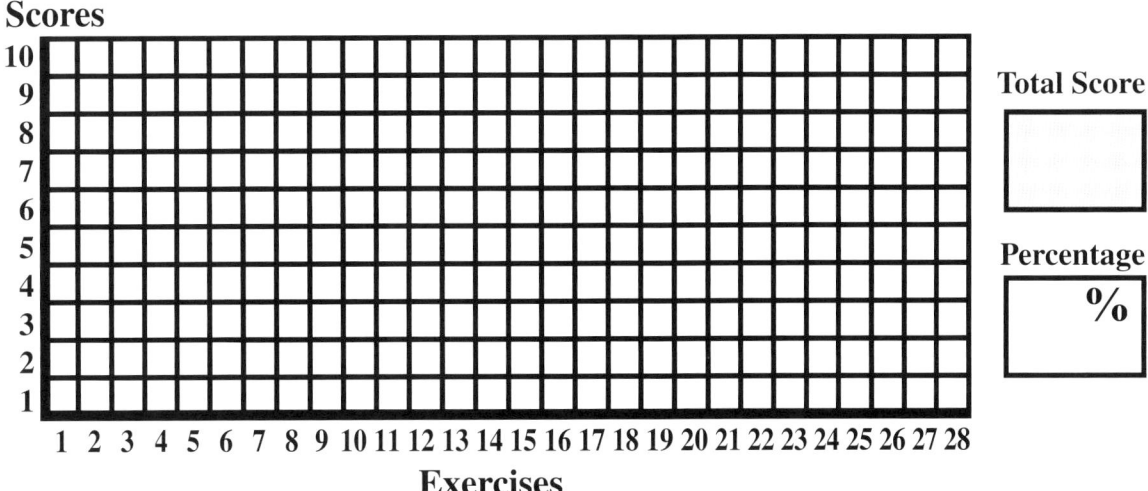

7. DECIMALS

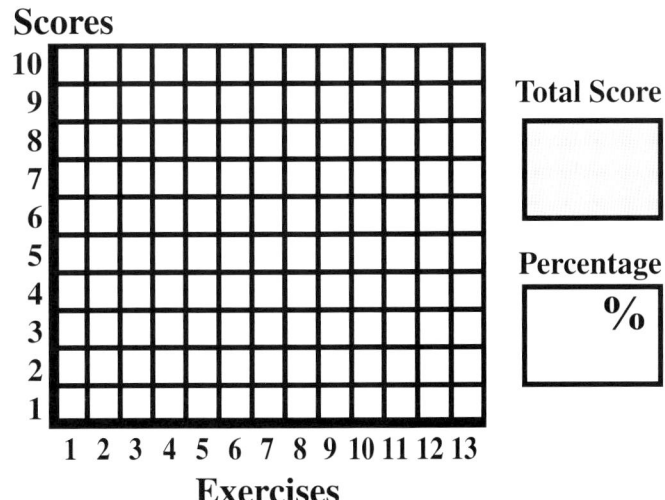

Overall Percentage %

CERTIFICATE OF

This certifies

_____

has successfully completed

Key Stage 2 Maths
Year 3/4
WORKBOOK 4

Overall percentage score achieved [   ] %

Comment _____
_____

Signed _____
(teacher/parent/guardian)

Date _____